Le jardin potager

MAURICETTE VIAL • MARIE-ANNE BONNETERRE

FLEURUS IDÉES

Editions Fleurus, 11, rue Duguay-Trouin 75006 Paris

Texte : Mauricette Vial
Illustrations : Marie-Anne Bonneterre

REMERCIEMENTS

L'auteur remercie chaleureusement :
le GNIS, 44, rue du Louvre, 75001 PARIS
l'APRIFEL, 115, rue du faubourg Poissonnière, 75009 PARIS
et la commission « jardinage » du GRAINE d'Ile-de-France,
pour leurs précieux conseils
et la documentation généreusement fournie.

Dépôt légal à la date de parution
ISBN 2-215-01821-6
Achevé d'imprimer par Ercom, Italie

PRÉFACE

Ce petit ouvrage propose de nombreuses activités de jardinage. On le sait : tout véritable apprentissage passe par l'action. « Faire un jardin » est un loisir agréable qui apprend la patience, le respect de la vie et habitue les jeunes enfants à observer et surtout à vérifier les faits par eux-mêmes.

Comme il apparaît bien dans ce livre, il n'est pas nécessaire de disposer d'une grande superficie pour qu'un enfant s'intéresse à un tel sujet. Les enfants s'émerveillent toujours devant une graine qui grossit, s'ouvre et donne naissance à une tige et des racines. Il faut voir, en classe, avec quel sérieux les responsables de plantations assurent leurs tâches ; comment l'équipe chargée des observations prend ses notes et ses mesures.

Livre pour faire, mais aussi livre pour s'informer (calendriers, procédés, conseils...), pour connaître les mots justes. Un livre qui propose des activités et qui répond à des interrogations : un excellent compagnon !

Claude FLAGEAT

Inspecteur Départemental
de l'Éducation Nationale

LE JARDIN VIVANT

Regarde ce beau jardin potager. De nombreux légumes y poussent. Sais-tu que les légumes sont vivants ? Ils demandent beaucoup de soins avant d'arriver dans ton assiette.

Le cycle de la vie

Les plantes ont des racines, une tige, des feuilles, des fleurs. Les fleurs deviennent des fruits qui contiennent des graines.
Chaque graine redonne naissance à une nouvelle plante. La graine absorbe l'eau et gonfle : elle germe. Une petite racine apparaît. Puis la jeune plante se développe.
Un bébé plante s'appelle une **plantule.**

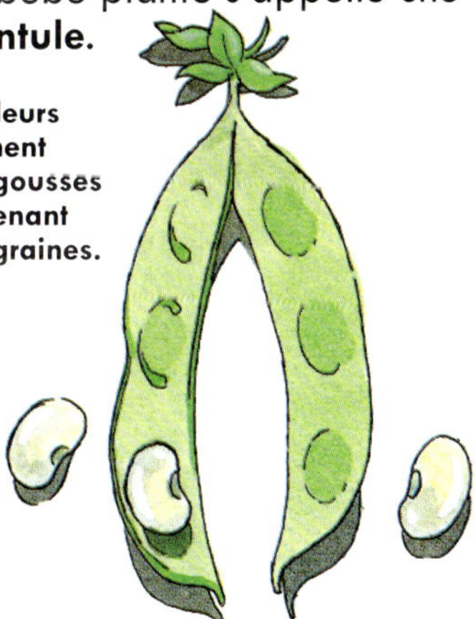

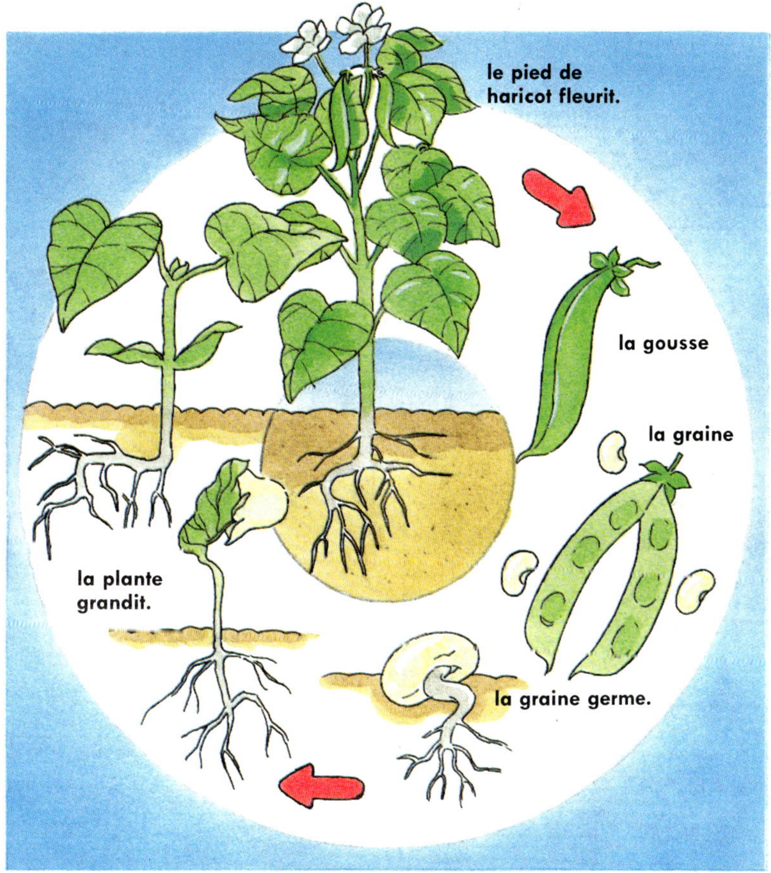

TOUT PART D'UNE GRAINE

Quand la plante est assez grande, elle puise la nourriture dans la terre par ses racines, et dans l'air par ses feuilles. Un jour, elle fleurit. Mais au début, elle a d'abord été une graine. Le jardinier sème les graines dans des sillons bien alignés : il fait un **semis.**

Fais germer la graine

Des graines, il y en a de toutes sortes : des grosses, des petites, des plates. Achète des haricots d'Espagne, du tournesol, du maïs, des lentilles.

Fais-les germer. Pour cela, tu enroules un papier buvard blanc pas trop serré. Tu le mets dans un bocal. Tu arroses pour mouiller le buvard. Tu coinces des graines entre le verre et le papier. Et tu surveilles en arrosant tous les matins.

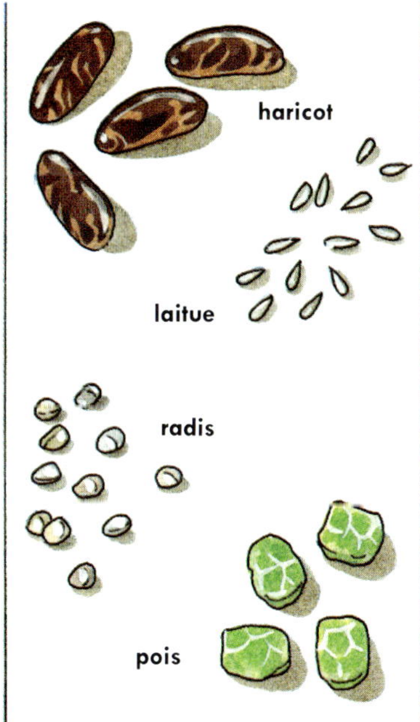

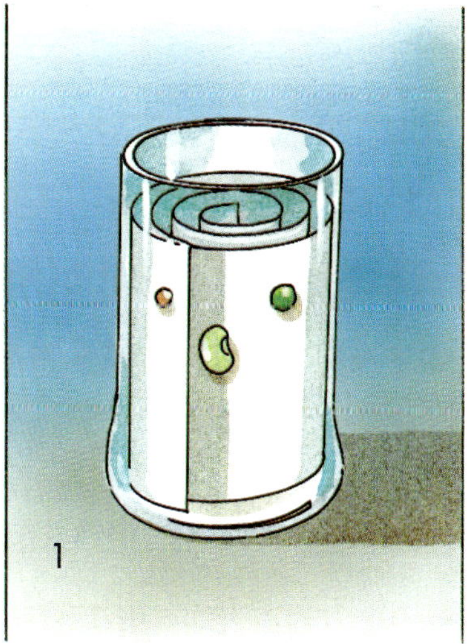

Un bon moyen de voir comment se passe la germination.

UN BON EMPLACEMENT, DE BONS OUTILS

Par-dessus tout, les légumes aiment le soleil et la chaleur. Un jardin doit être abrité du vent et bien exposé. Il faut aussi un point d'eau tout proche car les plantes ont besoin d'eau pour pousser.

Un petit carré de terre suffit pour avoir un jardin. Sinon, fais ton jardin sur ton balcon, dans des pots de fleurs, des caissettes en bois, des bacs en plastique. La terre des pots et des bacs sèche plus vite que la terre du jardin. Arrose régulièrement et perce les fonds de tes récipients de plusieurs trous pour que tes plantes respirent.

À chaque outil, son utilité

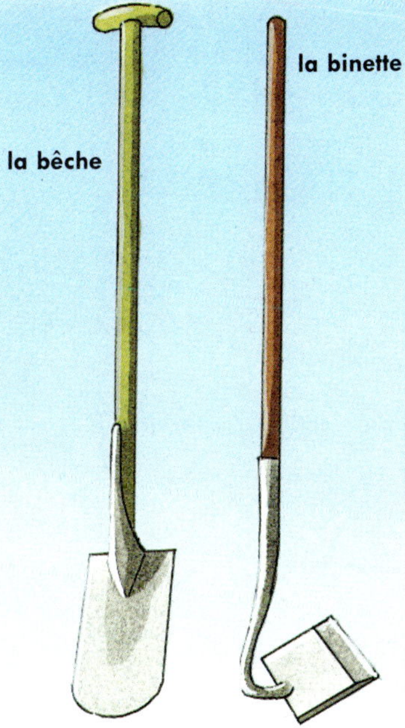

Avec la bêche, on retourne la terre avant de la cultiver.
Avec la binette, on aère le sol, on désherbe, on trace des sillons avant de semer.

Pour les tracer droits, on prend le cordeau.

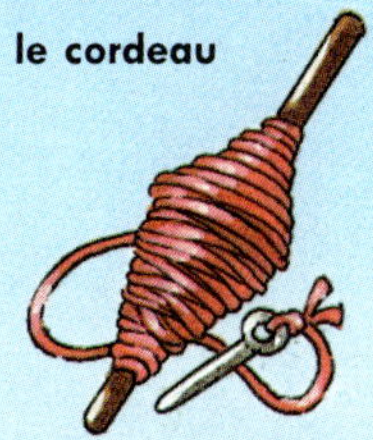

La serfouette sert aussi à tracer des sillons mais plus étroits.
La griffe sert à émietter les mottes de terre.

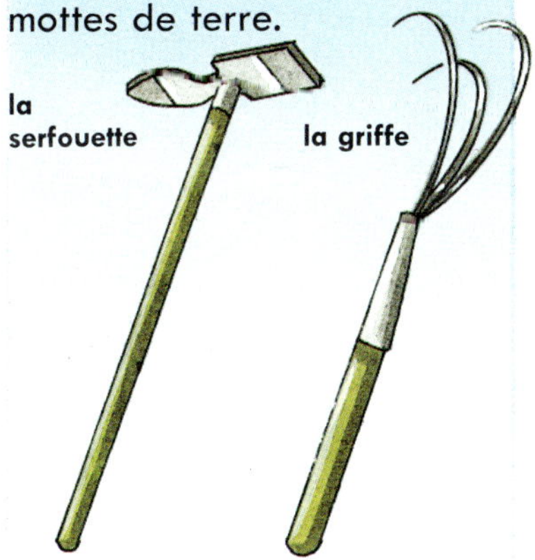

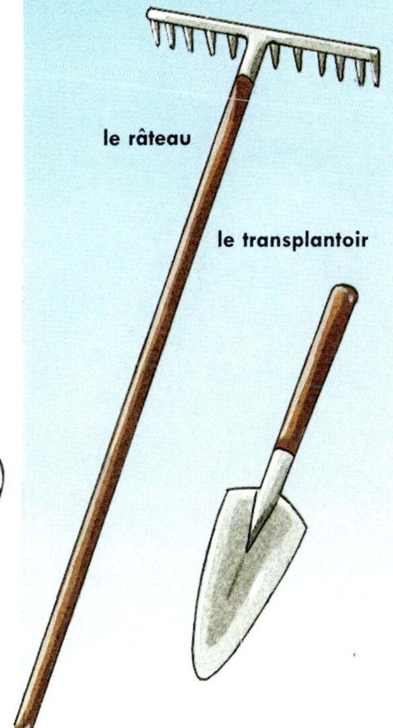

Avec le râteau, on enlève les cailloux et on égalise la terre.
Le transplantoir est bien utile pour dépoter et rempoter.

LES LÉGUMES GOURMANDS

Pour être beaux, les légumes exigent une terre riche. Le jardinier nourrit la terre du jardin avec du fumier et du compost. En la mélangeant avec de la tourbe, du terreau, du sable, il la rend plus légère.

Les besoins des plantes

Si tu fais ton jardin dans des pots, ils doivent être percés dans le fond pour permettre l'écoulement de l'eau quand tu arroses.
Dispose d'abord une bonne couche de graviers puis fais ton mélange.

Où peut-on trouver ces différentes terres ?

- la terre argileuse : dans un jardin,
- le sable : au bord d'une rivière,
- la tourbe, le terreau, le compost : achète-les tout préparés dans le commerce.

Le compost est un mélange de feuilles et d'herbes transformées par un lent pourrissement. C'est un engrais naturel.

Exemple de mélange pour semis

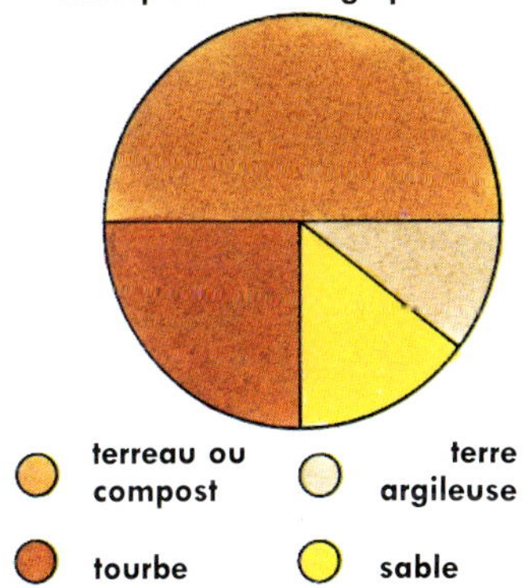

DES LÉGUMES OU DES FRUITS ?

Quelle belle récolte ! Les plants de fraisiers se repiquent en septembre, fleurissent en mai et donnent des fraises en juin. Les petits points parsemés sur les fraises sont des graines. Les fraises sont des fruits mais cela, tu le sais...

Plante un pépin

Tous les fruits ne sont pas sucrés.
Pour le scientifique, le fruit est la partie de la plante qui produit des graines.
La tomate, le potiron, la courgette sont des fruits.
Les **pépins** que tu trouves à l'intérieur sont des graines. Tu peux le vérifier très facilement en les faisant germer.

- Fais tremper les pépins une nuit dans un verre d'eau tiède.
- Plante-les par 3 dans de petits pots. Arrose bien.
- Place les pots dans un endroit chaud et sombre.
- Quand les plants sortent de terre, dispose les pots près d'une fenêtre ensoleillée.

DE L'AUTOMNE AU PRINTEMPS

En automne, il faut retourner la terre avec une bêche pour la faire respirer : c'est le **bêchage.**

Si tu veux **repiquer** des fraisiers, c'est le moment.

- Creuse des trous avec un **plantoir.**
- Mets un **plant** de fraisier par trou.

Un plant est une jeune plante vigoureuse qui pourra supporter la terre froide du jardin. Tu peux acheter des plants dans le commerce : poireaux, salades, tomates, fraisiers, herbes de Provence... Fabrique ton plantoir avec un morceau de bois.

Au début du mois de mars...

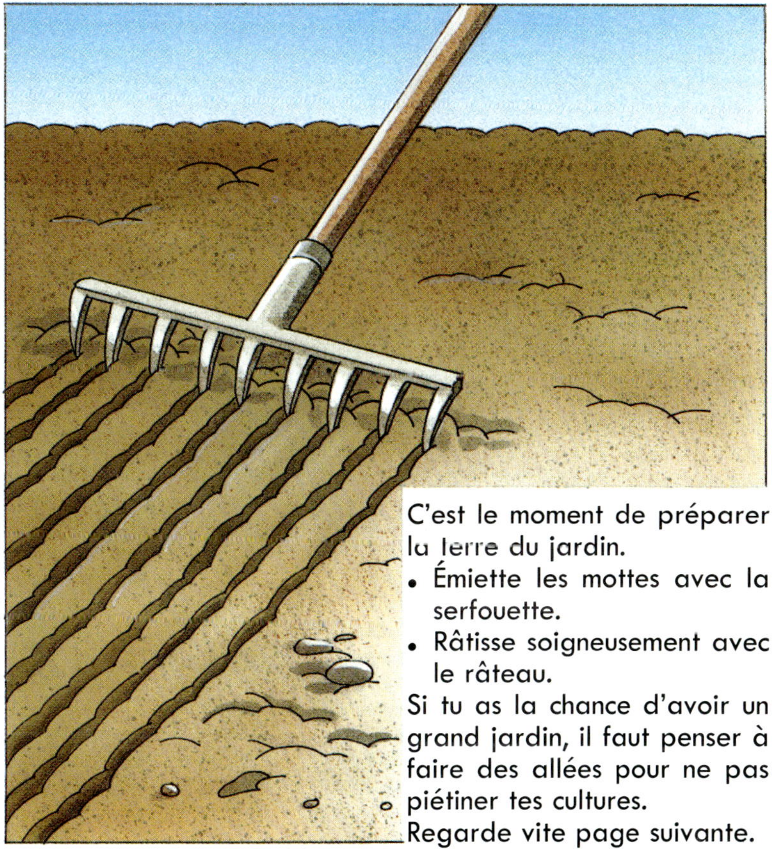

C'est le moment de préparer la terre du jardin.

- Émiette les mottes avec la serfouette.
- Râtisse soigneusement avec le râteau.

Si tu as la chance d'avoir un grand jardin, il faut penser à faire des allées pour ne pas piétiner tes cultures.

Regarde vite page suivante.

LES ALLÉES DU JARDIN

Regarde toutes ces possibilités. Dans le jardin n° 1, on perd de la place. Dans le jardin n° 2, les allées sont très étroites, on risque de piétiner les cultures. Le jardin n° 3 est proche de la nature mais il faudra mettre des étiquettes pour bien se repérer.

Des allées et des bordures

1. allée en herbe

2. allée en dallage

3. allée en terre avec tuiles plates

Pour avoir de belles allées, tu peux semer du gazon (1), mettre des dalles (2), faire des bordures avec des tuiles plates (3). Ou encore mettre du sable ou du gravier.
Fais des allées assez larges : 80 cm pour l'allée principale, 50 cm pour les allées secondaires. Voilà : le jardin est prêt !
Un bon jardinier s'organise pour ne pas perdre de place.

QUELS LÉGUMES CHOISIR ?

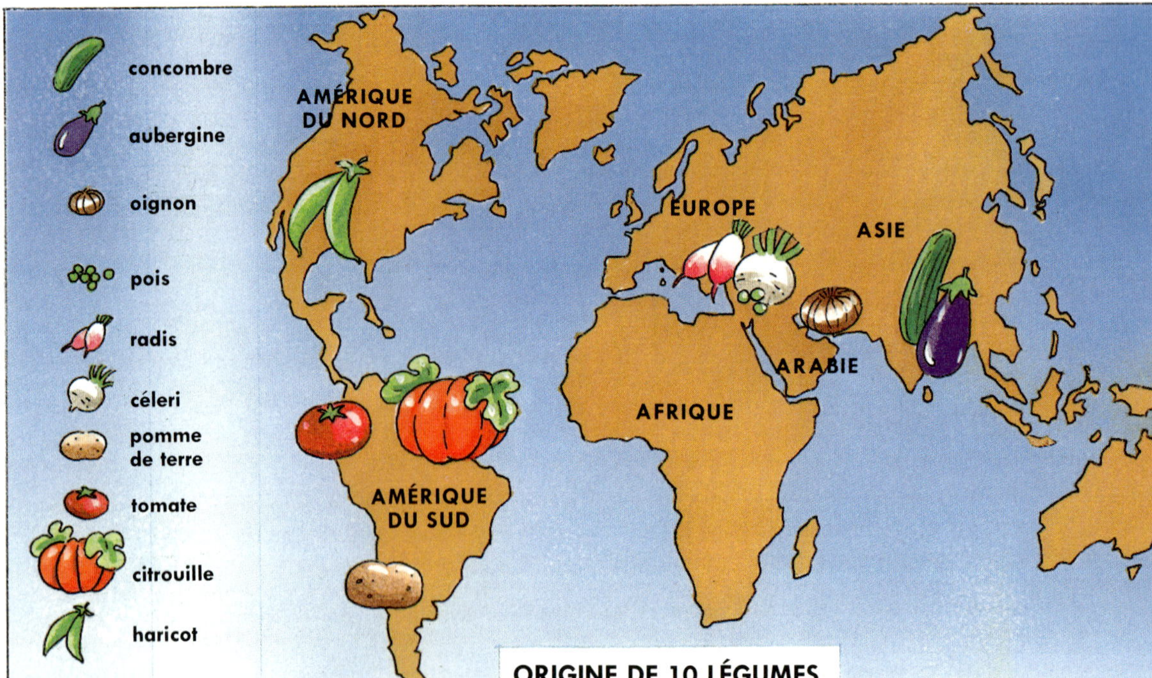

ORIGINE DE 10 LÉGUMES

Tu ne peux pas semer ou planter n'importe où, n'importe quand. Regarde la carte du monde : il y a des milliers d'années, des légumes poussaient à l'état sauvage, dans les régions chaudes. Ce sont les ancêtres de nos légumes actuels. Voilà pourquoi les légumes aiment la chaleur et la lumière.

Chez le marchand grainier

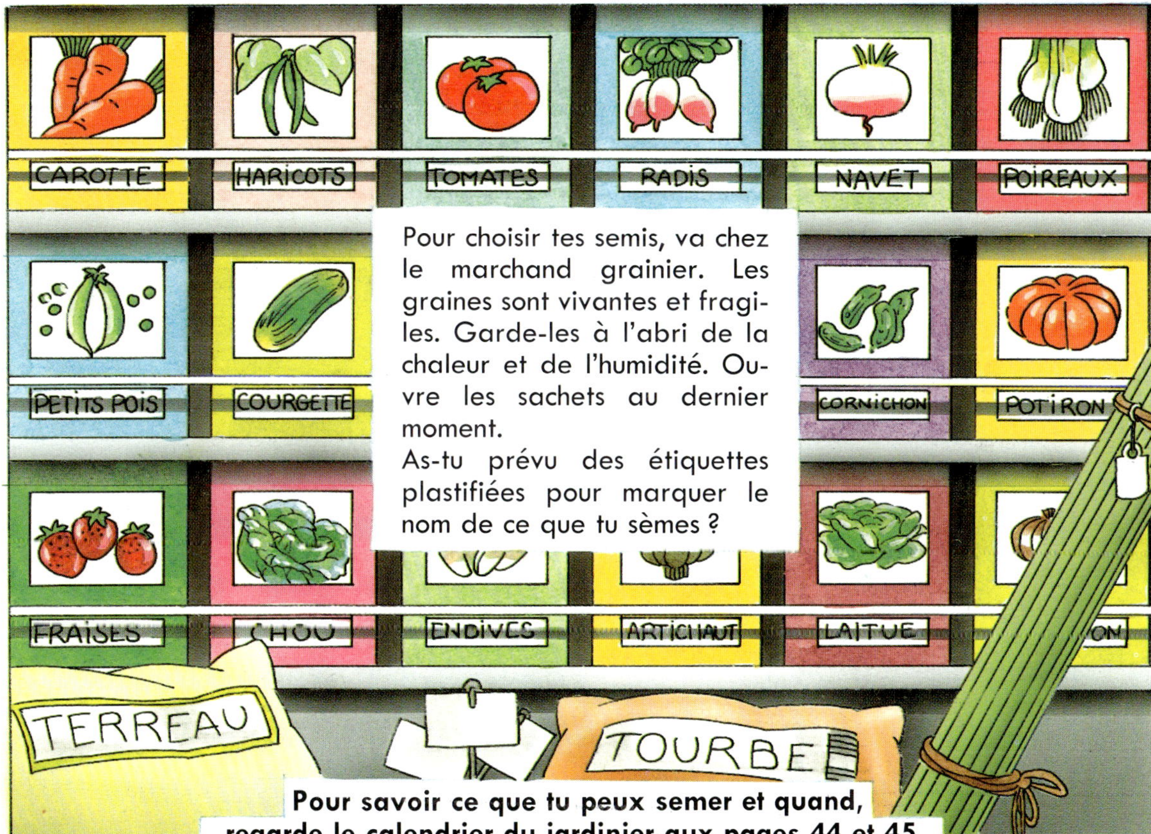

Pour choisir tes semis, va chez le marchand grainier. Les graines sont vivantes et fragiles. Garde-les à l'abri de la chaleur et de l'humidité. Ouvre les sachets au dernier moment.
As-tu prévu des étiquettes plastifiées pour marquer le nom de ce que tu sèmes ?

Pour savoir ce que tu peux semer et quand, regarde le calendrier du jardinier aux pages 44 et 45.

AU PRINTEMPS, LES SEMIS

Maintenant que tu as acheté des sachets de graines, tu vas faire tes semis. Pour tracer des sillons bien droits, installe le cordeau. Puis ouvre un sillon le long de la ficelle avec le côté pointu de la serfouette. Arrose le fond de chaque sillon avec l'arrosoir sans la pomme.

Bien semer pour bien récolter

Pour semer, attends que le sol soit assez chaud. Ne serre pas trop les graines et ne les enfonce pas trop dans la terre :

- 1 cm pour la carotte, la laitue, la mâche, le navet, le radis.
- 2 cm pour l'épinard et l'oignon blanc.
- 3 cm pour le pois et le haricot.

Légumes	Ecartement des sillons	Ecartement des graines
Carotte	25 cm	5 cm
Epinard	30 à 40 cm	20 à 30 cm
Haricot	45 cm	10 à 15 cm
Ciboulette	20 cm	5 à 10 cm
Navet	30 cm	5 à 10 cm
Pomme de terre	45 cm	45 cm
Pois	30 cm	20 cm
Radis	10 cm	2 cm
Laitue	30 à 40 cm	30 à 40 cm
Chou	40 cm	40 cm

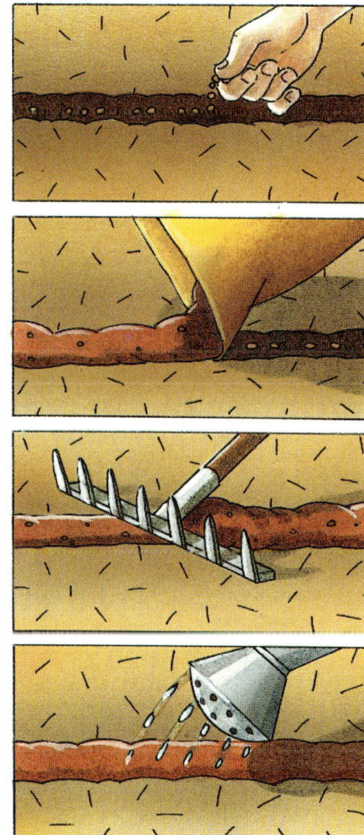

Après le semis, recouvre les sillons de terre fine et tasse avec le dos du râteau. Arrose doucement avec une pomme d'arrosoir.

Si toutes les graines germent, les petites plantes seront trop serrées : il faudra en arracher quelques-unes : cela s'appelle **éclaircir**.

LA NAISSANCE DES LÉGUMES

Les plus belles récoltes de ton jardin se font entre mai et juillet. Certains légumes se récoltent avant les autres : on dit qu'ils sont **précoces**. Les carottes poussent lentement : il leur faut 3 mois. Alors que les radis, bien arrosés, sont bons à manger en 4 semaines.

À des vitesses différentes

Pour se réveiller, les graines ont besoin de chaleur, d'air et d'eau. Elles ne germent pas toutes à la même vitesse.
Si la terre est encore froide, il faut semer sous abri. Tu as trois solutions :

1. fabrique des mini-serres avec des pots et des fonds de bouteilles en plastique, percés de trous pour l'aération,
2. fais un châssis au jardin, la vitre piège les rayons du soleil,
3. sème dans des godets sous un tunnel en plastique qui garde la chaleur et l'humidité.

SEMER OU REPIQUER ?

Les légumes ont besoin de chaleur pour pousser et de place pour grossir. Si ton jardin est bien abrité, tu peux semer directement. Quand les plantes sortent de terre, tu les éclaircis pour leur donner de la place. Ou bien, sème sous un abri dans une serre ou un châssis, puis repique les plants bien espacés les uns des autres. La carotte, le radis ne se repiquent pas. La laitue, le chou, le poireau, la tomate se repiquent.

Un bon repiquage

Les jeunes plantes sont fragiles. Repique-les avec le plus possible de terre autour des racines. Ce sera plus facile si elles ont été semées dans des **godets**.

Quand tu repiques, tasse bien la terre autour de chaque plant et arrose au pied. Laisse assez de place entre les plants et entre les rangs.

Un exemple : les tomates. Mets-les en place tous les 50 cm dans un endroit ensoleillé. Plante en profondeur et enfonce au pied de chaque plant un **tuteur**. Évite d'arroser le feuillage.

PROTÈGE TON JARDIN

Attention aux escargots et aux limaces qui dévorent les jeunes plantes. Examine bien ton jardin chaque jour et enlève-les ou bien élève un hérisson pour les manger.

Qui mange qui ?

Chaque animal qui s'attaque à tes légumes a son ennemi. La laitue est mangée par l'escargot, la limace et la chenille qui à leur tour sont mangés par le hérisson. Les pucerons sont mangés par la coccinelle.

LES AMIS DU JARDIN

Une grenouille est très précieuse dans un jardin. Si elle a une petite mare pour plonger, une grosse pierre et du feuillage pour se cacher, et beaucoup d'insectes, vers, limaces à manger, elle restera chez toi. Comme le hérisson, elle mangera les ennemis de tes légumes : chenilles, escargots, vers de toutes sortes.

Des alliés indispensables

La coccinelle est la grande ennemie des pucerons. Le lézard détruit quantité d'escargots, limaces, insectes.

Le ver de terre ou **lombric**, joue un rôle très important. Il avale la terre et la rejette sous une forme enrichie. Il fabrique du compost. En creusant des galeries, il aère le sol et il mélange les couches de terre entre elles.

L'ENTRETIEN DU JARDIN

Ce potager te montre ses plates-bandes et ses allées : tu peux voir des plants nouvellement repiqués et quelques carrés de terre libres qui attendent des légumes. Ce jardin est parfaitement tenu.

Arroser, biner, pailler

Arrose ton jardin de préférence le soir vers 6 heures. Tes légumes auront toute la nuit pour profiter de l'humidité. Deux gros arrosages par semaine suffisent. Évite de mouiller les feuilles et arrose au pied des plantes.

Le binage te permet d'enlever les mauvaises herbes et d'aérer le sol. Si tu déposes de la paille au pied des plantes, les mauvaises herbes poussent moins et tu peux arroser moins souvent : c'est le paillage.

DES LÉGUMES POUR L'ÉTÉ

Pour obtenir ces gros légumes, le jardinier creuse des trous peu profonds à 1 m les uns des autres et sème 3 ou 4 graines par trou. On appelle cela **semer en poquets.** Ensuite, quand les graines ont germé, le jardinier ne garde que les petites plantes les plus robustes. Il arrache les autres.

Pour savoir quand semer, va voir le calendrier p 44-45.

L'embarras du choix

Carottes : sème bien espacé, en surface, sur sol léger.
Petits pois : mets des tuteurs même aux variétés naines. Arrache une plantule. Dessine ce que tu vois (1).
Cresson alénois : tu peux le cultiver dans ta chambre (2), le haricot aussi.

3. le châssis

Oignons blancs : tu sèmes en châssis (3) puis tu repiques lorsque les plants mesurent 10 cm.
Épinard et oseille : ils ne doivent jamais manquer d'eau. Dès que les plants ont 3 cm de hauteur, il faut les éclaircir pour qu'ils soient distants de 10 cm les uns des autres.

1. le petit pois

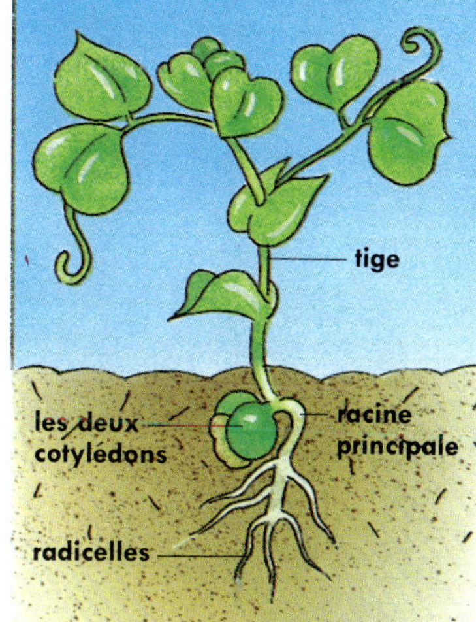

2. le cresson alénois pousse dans du coton mouillé

DES LÉGUMES POUR L'AUTOMNE

En juin, le jardinier a repiqué des plants de choux rouges assez profondément dans le sol. Fais comme lui. Tu peux choisir aussi des choux verts à feuilles lisses ou à feuilles plissées. Espace-les de 50 cm. Il faut arroser beaucoup.

Pour savoir quand semer ou planter, va voir le calendrier pages 44-45.

Les cadeaux de l'automne

Pommes de terre : tu creuses des tranchées à fond plat de 15 cm de profondeur. Chaque tranchée est à 60 cm de la précédente. Tu déposes les tubercules à 40 cm les uns des autres. Tu recouvres de terre. Quand les jeunes plantes mesurent 20 cm, tu ramènes la terre autour de leur pied, c'est le **buttage**. Pour récolter, attends que les fanes jaunissent.

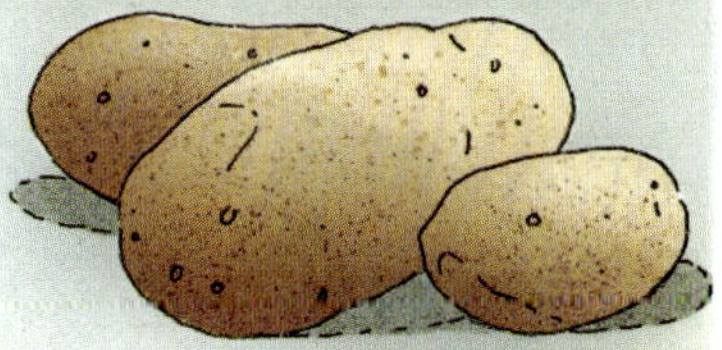

Maïs sucré : sème en lignes distantes de 70 cm en espaçant les graines de 20 cm. En automne, tu enfonces ton ongle dans un grain. Si le jus est laiteux, le maïs est mûr. Mange-le tout de suite, c'est délicieux !

QUE MANGE-T-ON DANS UN LÉGUME ?

On mange aussi le tubercule (la tige souterraine), le pétiole (la queue), le capitule (le cœur), l'épi... Imagine une plante qui serait composée de toutes les parties comestibles des autres plantes. Ça donnerait à peu près celle que tu vois p. 39.

La plante fantastique

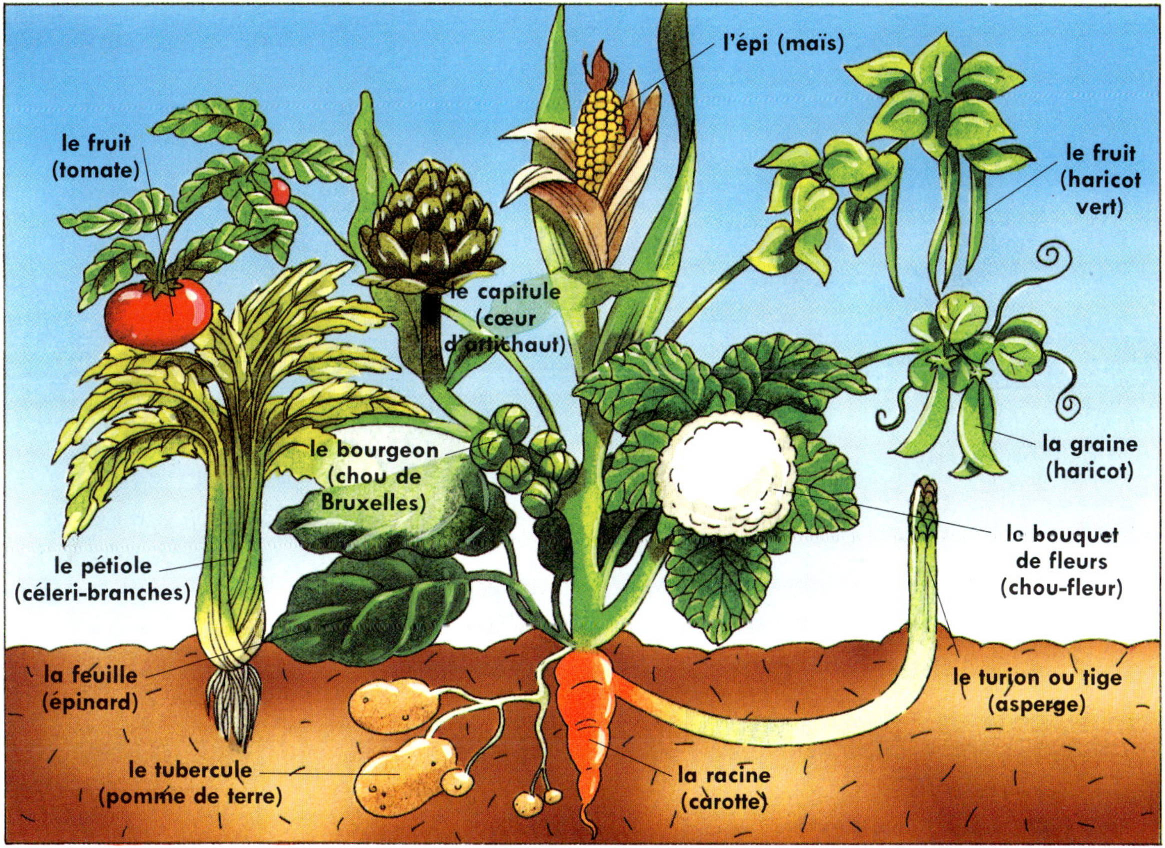

UN JARDIN D'HERBES PARFUMÉES

SEMIS
Ciboulette :
février à avril
Persil :
septembre ou
mars, avril

PLANTATION
Lavande, sauge :
achète des plants
dans le commerce
et repique-les en
septembre-octobre
ou en mars-avril.
Basilic : avril-mai
Romarin : mars, avril

SEMIS OU
PLANTATION
Estragon, thym,
menthe.

Basilic, lavande, sauge, ciboulette... tu peux faire pousser des plantes qui parfumeront la cuisine ou le linge de ta maman, soit dans ton jardin, soit en pots ou en caissettes dans ta chambre. Il faut beaucoup de lumière pour ces plantes de Provence, appelées plantes aromatiques.

Trois herbes qui disparaissent en hiver

L'estragon

Il aime le soleil et a besoin de place pour se développer. Sème-le de février à avril.
Hauteur : 80-100 cm.

La menthe

Repique les plants au printemps ou en automne. Récolte les feuilles lorsque les fleurs sont en bouton.
Hauteur : 30 - 40 cm.

Le thym

Cultive le thym ordinaire. Repique les plants au printemps. Taille la touffe quand elle a fleuri.
Hauteur : 20-30 cm.

UNE ANNÉE AU JARDIN

Septembre		Prépare tes récipients, tes outils, bêche la terre, enrichis-la. Sème la mâche et l'épinard. Repique des fraisiers.
Octobre		Repique des herbes aromatiques dans des pots. Récolte les betteraves, carottes, choux, concombres.
Novembre		Récapitule ce que tu as fait. Surveille ton jardin. Récolte les carottes, choux, potirons.
Décembre		Rentre tes plantes aromatiques. Récolte du cresson, de la mâche.
Janvier		Protège tes plantes des coups de froid avec de la paille. Mets tes pots à l'abri.
Février		S'il fait doux, tu peux commencer des semis sous abri : persil, petits pois. Sinon, sème en terrines à l'intérieur.

Mars		Fertilise la terre et fais tes semis. Récolte les mâches et les épinards. Sors tes plantes aromatiques. Repique les plants de tes semis d'intérieur.
Avril		Semis de cresson, navet, radis. Premières récoltes : cresson, épinard, oignon blanc.
Mai		Récolte tes plantes aromatiques, tes laitues, navets, radis. Arrose régulièrement.
Juin		Récolte tes carottes, haricots, petits pois, oseille, fraises. Arrose régulièrement. Si tu cultives en bacs, donne de l'ombre.
Juillet		C'est la grande époque des haricots verts et à écosser. Attention à l'arrosage.
Août		As-tu mis des tuteurs à tes cornichons ? As-tu prévu quelqu'un pour arroser si tu pars en vacances ?

LE CALENDRIER DU JARDINIER

	SEPT.	OCT.	NOV.	DÉC.	JAN.	FÉV.	MARS	AVRIL	MAI	JUIN
carotte de printemps										
cresson										
épinard										
haricot										
laitue										
mâche										
navet										
oignon blanc										
oseille										
petit pois										
radis										

semis · semis sous abri · repiquage · récolte

	AVRIL	MAI	JUIN	JUILL.	AOÛT	SEPT.	OCT.	NOV.	DÉC.	JAN.
betterave		semis	semis			récolte	récolte	récolte		
carotte		semis	semis			récolte	récolte	récolte		
chou		repiquage	repiquage				récolte	récolte		
choux de Bruxelles		repiquage	repiquage				récolte	récolte		
concombre		semis	semis, repiquage			récolte	récolte			
cornichon		semis, repiquage				récolte	récolte			
courgette		semis, repiquage	repiquage			récolte	récolte			
maïs sucré blanc	semis	semis				récolte	récolte			
pomme de terre	repiquage	semis, repiquage				récolte	récolte			
potiron		repiquage	repiquage				récolte	récolte		
tomate		repiquage	repiquage			récolte	récolte			

SOMMAIRE

PRÉFACE — 5
LE JARDIN VIVANT . Le cycle de la vie — 6 . 7
TOUT PART D'UNE GRAINE . Fais germer la graine — 8 . 9
UN BON EMPLACEMENT, DE BONS OUTILS . À chaque outil, son utilité — 10 . 11
LES LÉGUMES GOURMANDS . Les besoins des plantes — 12 . 13
DES LÉGUMES OU DES FRUITS ? . Plante un pépin — 14 . 15
DE L'AUTOMNE AU PRINTEMPS . Au début du mois de mars — 16 . 17
LES ALLÉES DU JARDIN . Des allées et des bordures — 18 . 19
QUELS LÉGUMES CHOISIR ? . Chez le marchand grainier — 20 . 21
AU PRINTEMPS, LES SEMIS . Bien semer pour bien récolter — 22 . 23
LA NAISSANCE DES LÉGUMES . À des vitesses différentes — 24 . 25
SEMER OU REPIQUER ? . Un bon repiquage — 26 . 27
PROTÈGE TON JARDIN . Qui mange qui ? — 28 . 29
LES AMIS DU JARDIN . Des alliés indispensables — 30 . 31
L'ENTRETIEN DU JARDIN . Arroser, biner, pailler — 32 . 33
DES LÉGUMES POUR L'ÉTÉ . L'embarras du choix — 34 . 35
DES LÉGUMES POUR L'AUTOMNE . Les cadeaux de l'automne — 36 . 37
QUE MANGE-T-ON DANS UN LÉGUME ? . La plante fantastique — 38 . 39
UN JARDIN D'HERBES PARFUMÉES . Trois herbes qui disparaissent en hiver — 40 . 41
UNE ANNÉE AU JARDIN — 42 . 43
LE CALENDRIER DU JARDINIER — 44 . 45